Insel Amrun - Traum und Inspiration

1. Auflage, erschienen 9-2019
Umschlaggestaltung: Romeon Verlag
Text: Dr. Rudolf-Georg Nicklau und Wellem Peters
Fotos: Dr. Rudolf-Georg Nicklau

www.romeon-verlag.de
Copyright © Romeon Verlag, Kaarst

Das Werk ist einschließlich aller seiner Teile urheberrechtlich geschützt. Jede Verwertung und Vervielfältigung des Werkes ist ohne Zustimmung des Verlages unzulässig und strafbar. Alle Rechte, auch die des auszugsweisen Nachdrucks und der Übersetzung, sind vorbehalten. Ohne ausdrückliche schriftliche Genehmigung des Verlages darf das Werk, auch nicht Teile daraus, weder reproduziert, übertragen noch kopiert werden. Zuwiderhandlung verpflichtet zu Schadenersatz.

Alle im Buch enthaltenen Angaben, Ergebnisse usw. wurden vom Autor nach bestem Gewissen erstellt. Sie erfolgen ohne jegliche Verpflichtung oder Garantie des Verlages. Er übernimmt deshalb keinerlei Verantwortung und Haftung für etwa vorhandene Unrichtigkeiten.

Bibliografische Information der Deutschen Nationalbibliothek:
Die Deutsche Nationalbibliothek verzeichnet diese Publikation in der Deutschen Nationalbibliografie; detaillierte bibliografische Daten sind im Internet über *http://dnb.dnb.de* abrufbar.

Rudolf-Georg Nicklau Wellem Peters

Insel Amrum
Traum und Inspiration

Rechts im Bild: Luftbild Insel Amrum, im Hintergrund die Insel Föhr, rechts im Hintergrund sind einige Halligen erkennbar, das Wattenmeer zwischen den beiden Inseln Amrum und Föhr, in der Ferne das Festland.

Luftbild von Martin Elsen, 21680 Stade

Die Flagge von Amrum

ist in den Farben Gelb, Rot und Blau gehalten, da dies die Farben von Nordfriesland sind.
Auf dem Wappen ist unten links ein Grützekessel zu sehen. Er steht dafür, dass die Friesen ein ruhiges Volk sind, die gerne zusammen sitzen und ihre Zeit gemeinsam verbringen. Früher saßen sie oft gemeinsam vor ihrem Grützekessel, außerdem steht er für ihre Brüderlichkeit untereinander. Er soll ebenfalls andeuten, dass die Friesen keinen Krieg führen wollen, es sei denn, es ist ein Verteidigungskrieg.

Oben links ist die Dänische Krone zu sehen, da Amrum bis 1864 ein Teil von Dänemark war.
Auf der rechten Seite befindet sich ein halber Adler der sich auf die vom Deutschen Kaiser verbürgte Freiheit der Friesen bezieht.

Bei vielen Wappen ist auch ein friesischer Spruch darunter "leewer duad üs slaw" und bedeutet so viel wie " Lieber tot als Sklave".

Pia Borrs Auszubildende bei Amrum Touristik
AdR Wittdün 2018

Die Insel Amrum (Öömrang)

ist eine Nordfriesische Insel. Mit einer Fläche von 20,46 km² ist sie die zehntgrößte Insel Deutschlands. Im Westen grenzt Amrum an den unmittelbar vorgelagerten Kniepsand, der in die offene Nordsee übergeht, im Osten an das Wattenmeer. Die östliche Nachbarinsel Föhr kann in Höhe der Odde bei Niedrigwasser über eine circa acht Kilometer lange Wattwanderung (Abb. Seite 33) erreicht werden. Die Wattfläche zwischen den beiden Inseln wird zentral durch das Amrumtief durchschnitten, das nach Süden in die Norderaue mündet. Von der nördlichen Nachbarinsel Sylt ist Amrum durch das Vortrapptief (Abb. Seite 55) getrennt, von den Halligen im Süden durch das Rütergat. Die fünf Orte der Insel (etwa 2.300 Einwohner) sind – von Nord nach Süd – Norddorf, Nebel, Süddorf, Steenodde und Wittdün. Wer mit der Fähre oder dem Schiff nach Amrum kommt, lernt als erstes Wittdün kennen, die auf einer Landzunge im Süden der Insel liegt. Amrum gehört neben Sylt und Föhr zu den drei nordfriesischen Geestkerninseln. Der Geestkern von Amrum ist etwa 6 km lang und 2,5 km breit und wird von einer flach gewölbten, eiszeitlichen Moräne gebildet, die vor etwa 125.000 Jahren entstand. Sowohl die ostfriesischen- als auch die westfriesischen Inseln besitzen allesamt keinen Geestkern, sind also Sand- bzw. Marschinseln. Die Inseln weiter nach Norden (Dänische Wattenmeerinseln) sind wieder frei von Geestkernen und bestehen fast ausschließlich aus Sand. Im Norden und Süden dieses Geestkerns entstanden Sandakkumulationen und im mittleren Teil der Kniepsand, dessen Fläche rund 10 km² beträgt. Der Sandflug hat seit dem 13./14. Jahrhundert auf Amrum zur Bildung von 9 km² Dünen geführt. Höchste Erhebung ist die Düne A Siatler (deutsch: Setzerdüne) mit 32 Metern über Normalhöhe Null (NHN). Sie liegt südwestlich von Norddorf und ist mit einer Plattform als Aussichtsdüne ausgebaut.

Auf dem Geestrücken liegen Wald- und Heidegebiete, die im Wesentlichen einen Streifen in Nord-Süd-Richtung bilden. Westlich davon befindet sich über die gesamte Länge der Insel ein Dünengebiet. Die maximale Breite dieses Gebietes beträgt über einen Kilometer, die Länge etwa zwölf Kilometer.

Aufgrund ausgedehnter Schutzgebiete sind die Amrumer Dünen die einzigen der Westküste, die von Möwen und Enten zum Brüten genutzt werden. Nach Norden hin läuft das Dünengebiet zur Odde aus. Westlich des Dünengürtels schließt sich auf ganzer Länge der Kniepsand an. Er stellt einen der breitesten Sandstrände Nordeuropas dar. Er ist weder geologisch Teil der Insel, noch gehört er, da er verwaltungstechnisch als Meeresgebiet gilt, mit seiner Fläche zu den Inselgemeinden. Er ist ein Hochsand, der noch bis Mitte der 1960er Jahre von Amrum durch einen Priel getrennt war. Im Juli 2018 konnte man feststellen, wie schnell der Kniepsand in Höhe Nebel durch starken Wind an Höhe gewonnen hat.

Die Geschichte von Amrum geht bis in die Jungsteinzeit (Neolithikum - 5000 bis 2000 vor Chr.) zurück. Heute sind von Grabhügeln noch Spuren bei Nebel und Steenodde zu sehen. Bei der Vogelkoje am Weg zum Quermarkenfeuer sind Reste eines eisenzeitlichen Dorfes erhalten. In den letzten Jahren wurde dort ein Haus aus der Eisenzeit nachgebaut (Abb. Seite 81). Die Friesen kamen im Mittelalter (zwischen 6. und 15. Jh. n. Chr.) nach Amrum. Fischfang, insbesondere der Walfang und Schifffahrt waren die Haupteinnahmequellen. Die historischen Grabsteine auf dem Friedhof in Nebel (Abb. Seite 18-19) erzählen dazu viele Geschichten. Der Tourismus auf Amrum begann am Ende des 19. Jahrhunderts und ist heute Haupterwerbszweig.

Das Amrum - Lied

ist in Amrumer Friesisch Öömrang in vier Strophen verfasst. Öömrang ist ein Dialekt der nordfriesischen Sprache, der auf der Insel Amrum im Kreis Nordfriesland gesprochen wird. Zusammen mit dem Dialekt Fering auf der benachbarten Insel Föhr, bildet das Öömrang einen der zehn Hauptdialekte der nordfriesischen Sprache.

Öömrang wird in den Schulen auf Amrum als zweite Hauptsprache gelehrt!

Der Text auf dem Stein: die erste Strophe des Amrum Lieds

Friesisch Öömrang	Auf Hochdeutsch
Dü min tüs, min öömrang lun,	*Du mein Zuhause, mein Amrumer Land,*
leewen meid in aard bestun,	*immer mögest Du bestehen,*
wat a feedern üs ferareft,	*was die Vorfahren uns vererbten,*
lääts dach sä, dat det ei stareft,	*lasst uns sehen, dass das nicht stirbt,*
jääw wi`t ap, det ei stareft,	*gäben wir es auf, es wäre eine Schande,*
leew haa`k di, mi öömrang lun.	*lieb hab ich dich, mein Amrumer Land.*

Die Pflege der Amrumer Geschichte und Kultur, darunter des nordfriesischen Dialekts Öömrang hat sich der Verein Öömrang Ferian (deutsch: Amrumer Verein e. V., gegründet 1974) zum Ziel gesetzt. Das Amrum-Lied hat vier Strophen und ist in Stein gemeißelt auf vier Steintafeln, die über die ganze Insel verteilt sind: : Vor dem Öömrang Hüs in Nebel (Bild links), am Teerweg zwischen Nebel und Norddorf auf etwa halber Strecke, in Steenodde gegenüber dem Restaurant am Ortseingang an der Linkskurve zur Mole und vor dem Ortseingang Wittdün am Beginn des Bohlenwegs zur Aussichtsdüne an der Verbindungsstraße von Süddorf kommend auf der rechten Seite.

Der Leuchtturm von Amrum
Position: 54°38'43" N - 08°21'40" E.

steht im Süden der deutschen Nordseeinsel Amrum, etwa zwei Kilometer westlich von Wittdün. Er gehört zur Gemeinde Nebel und ist eines der Wahrzeichen der Insel. Im Sommerhalbjahr ist er für den Publikumsverkehr geöffnet. Ebenfalls auf Amrum befinden sich noch das Leuchtfeuer von Norddorf, das sog. Quermarken-Feuer.

Die Feuerhöhe des Leuchtturms beträgt 63 Meter über dem mittleren Hochwasser und ist eine der höchsten an der deutschen Nordseeküste. Der Turm selbst ist 41,8 Meter hoch und seine Spitze damit 67,7 Meter über NN. Die Funktion ist die eines Seefeuers. Über 197 Stufen gelangt man zum Aussichtspunkt. Die Tragweite des Leuchtfeuers beträgt 23,3 Seemeilen bzw. 43,2 km.

Ein in der Hamburger Zeitung 1868 erschienener Artikel über den Verlust dreier Schiffe bei Amrum und Sylt löste einen heftigen sowie kuriosen Expertenstreit darüber aus, wo in dieser Region ein Leuchtturm gebaut werden solle.

1872 wurde die Entscheidung gefällt, dass ein Leuchtfeuer auf einer 25 Meter hohen Düne auf der Insel Amrum errichtet werden sollte. 1873 begann der Bau des Turmes, im November 1874 wurde der Ziegelsteinbau fertiggestellt und die 16-linsige Optik mit der dazugehörigen fünfdochtigen Argand-Lampe eingebaut. Der ganze Linsenapparat, 2,7 m hoch und 2,9 t schwer, war 1867 auf der Weltausstellung in Paris gezeigt worden. Unterhalb der Düne wurde für drei Leuchtfeuerwärter ein Wohnhaus gebaut.

Offiziell wurde das Leuchtfeuer Amrum Wittdün am 1. Januar 1875 kurz vor Sonnenuntergang in Betrieb genommen und ist somit der erste deutsche Leuchtfeuerbau in Nordfriesland. Das Leuchtfeuer wurde lange mit Petroleum betrieben und 1936 elektrifiziert. Der letzte Leuchtturmwärter verließ 1984 den Turm nach dessen Automatisierung.

Der Amrumer Shantychor

Der Chor ging aus einem Kursus der Amrumer Volkshochschule - Wintersemester 1994/95 - hervor.
Wir sind über 20 aktive Frauen und Männer, ein fröhlicher, bunter Haufen unter der Leitung von Rüdiger Sokollek (im Bild mit dem größten Bart und dem Schifferklavier), der es wohl versteht, die alten Lieder aus dem „Schifffahrtsmuseum" mit ihrem rauen, wilden und zugleich sentimentalen Charakter zu neuem Leben zu erwecken Hier ein Beispiel zum Singen:

Friesenlied
Wo de Nordseewellen trecken an den Strand,
wo de geelen Blomen blöhn in't gröne Land,.
wo de Möwen schriegen hell in Stormgebrus,
dor is mine Heimat, dor bünn ick to hus.
Well'n un Wogen sungen dor min Weegenleed,
un de hoogen Dieken kennt min Kinnerleed,
kennt ock all min Sehnsucht, as ick wussen weer,
in de Welt to fleegen, öber Land un Meer.
Wull hett mi dat Leben all min Lengen stillt,
hett mi allens geben, wat min Hart nu füllt.
Allens is verswunnen, wat mi quäl' in dreew,
heff dat Glück ook funnen, doch de Sehnsucht bleew.
Sehnsucht na min leewet, grönet Marschenland,
wo de geelen Blomen blöhn in't gröne Land,
wo de Möwen schriegen hell in Stormgebrus,
dor is mine Heimat, dor bünn ick to hus.

Die Windmühle von Amrum

steht auf der höchsten natürlichen Erhebung nahe Nebel und gilt als Wahrzeichen der Insel. Die Windmühle ist seit 1967 denkmalgeschützt und noch komplett mit den Mahlgängen ausgestattet. Die derzeit älteste Mühle Schleswig-Holsteins beherbergt ein Heimatmuseum und wechselnde Ausstellungen.

Der Seefahrer Erk Knudten kaufte 1770 in Holland, vermutlich Amsterdam, einen achteckigen „Erdholländer", den er per Schiff nach Amrum schaffte. Es wurde in Holland alles abgebaut, beschriftet und seefest verpackt und auf die Reise gebracht. Die Mahlsteine sind vermutlich über Kontakte mit Föhrer Müllern nach Amrum gelangt. Die Verkleidung der Mühle wurde auf Amrum in Reet neu gefertigt. Die Windmühle wurde 1770–1771 auf der höchsten Erhebung des Ortes gebaut. Da der Waldbestand zu jener Zeit wesentlich kleiner war als heutzutage, konnte man die Mühle aus allen Himmelsrichtungen sehen. Daraus ergab sich auch ihre anfängliche Bedeutung als „Seezeichen" und Orientierungshilfe für vorbeifahrende Schiffe an der Westseite der Insel.

Die Inschrift des Grabsteins (gekennzeichnet. durch eine Windmühle) von Erk Knudten auf dem Friedhof an der St.-Clemens-Kirche gibt Auskunft über das Leben des ersten Müllers.

Als der erste Müller 1792 die Mühle an seinen Sohn übergab, war es noch nicht möglich, vom Mahlen von Graupen, Grütze und Korn allein zu leben, folglich betrieben die Müller nebenher auch Landwirtschaft auf den angrenzenden Flächen. Nachdem Erk Knudten verstorben war, wurde der älteste Sohn, der die Mühle bereits betrieb, zum Erben ernannt und die Geschwister sollten ausbezahlt werden. Dies war Martin Erken nach jahrelanger Müllertätigkeit jedoch nicht möglich und so übernahm eine seiner Schwestern, die einen reichen Landbesitzer geheiratet hatte, die Mühle. Als ihr Mann verstarb, überließ sie die Müllertätigkeiten ihrem Schwiegersohn Hans Tychsen und dem Müllergesellen.

Ab 1964 übernahm der „Verein zur Erhaltung der Amrumer Windmühle e. V." die Windmühle und baute die ehemaligen Lagerräume zum Museum um und betreibt bis heute Ausstellungsräume für Künstler.

Die Kirche St. Clemens

Wir schreiben das Jahr 1236. Die Bewohner der damals einzigen Dörfer Norddorf und Süddorf beraten über den Platz für eine Kirche, die das Patrozinium des Heiligen Clemens von Rom (um 80 n. Chr.) als Schutzpatron der Seeleute tragen soll.

Da man sich nicht einigen konnte, in welchem der Dörfer die Kirche erbaut werden sollte, einigte man sich auf eine Stelle zwischen den beiden, jedoch näher an Süddorf. Schlicht und am Anfang ohne Turm bauten die Amrumer ihre Kirche. Sie statteten die Kirche mit mittelalterlicher Kirchenkunst aus. Das Resultat ist ein kelchförmiges Taufbecken aus Granit, geschnitzte Apostelfiguren (Abb. Seiten 20/21), die vermutlich nach der 1. Mandränke 1362 angeschwemmt wurden, ein ausgemalter Schrank für Sakramente und manches mehr.

1634, nach der 2. Mandränke, stifteten die Insulaner aus Dankbarkeit für ihr Überleben in der Sturmflut ein Altarbild. Im Jahr 1908 wurde der 36 Meter hohe, kupfergedeckte Kirchturm mit einer größeren Glocke hinzugefügt.

Betritt der Besucher die Kirche, fällt sein Blick auf die Apostelgruppe (Seite 20/21) und auf einen Kronleuchter aus dem 18. Jh. Er stammt aus der Halle eines holsteinischen Gutshauses, dessen Besitzer nach Südafrika auswanderte. Größe, Form und in der Gestaltung der Leucht- und Zierarme harmonieren gut mit den beiden älteren Leuchtern. 1960 wurde er mit zwei Wandleuchtern durch Spenden erworben. Den zweiten Kronleuchter in der Mitte des Kirchenschiffes stiftete 1671 der Grönlandkommandeur Boy Karstens, einem Enkel des Pastors Tycho Frudson (1574 - 1630 auf Amrum). Dies tat er aus Dankbarkeit für eine erfolgreiche Grönlandreise.

Der dritte Leuchter im Chorraum soll den gleichen Ursprung haben, wie Boy Karstens Leuchter. Er wurde 1685 von Jacob Flor gestiftet. Einer der 7 Söhne des Pastors Martin Flor (1629 - 1686 Pastor auf Amrum). Er starb im Alter von 38.

Bei Renovierungsarbeiten fanden die Arbeiter 1936 seinen Grabstein unter dem Fußboden des Nord Einganges. Seitdem steht er an der Südseite des Turmes. 1960 wurde die Kirche ein weiteres Mal grundrenoviert.

Die Kirche ist umgeben mit einem der zwei Friedhöfe für Amrumer. In der Nordwestseite des Friedhofs stehen rund 150 Grabsteine aus der Zeit von 1670 bis 1830, die sogenannten „Sprechenden Grabsteine von Amrum" (Abb. Seite 18-19). Neben Schiffsdarstellungen und aufwendiger Ornamentik „sprechen" diese in den Grabsteinen gemeißelten Texte über das Leben der Verstorbenen. Ein Beispiel jüngerer Zeit ist auf Seite 18-19 zu lesen. 90 der Grabsteine stehen unter Denkmalschutz.

Auf dem Grabstein (rechts) ist zu lesen::

HIER RUHET
KAPITÄN – WILHELM - TÖNISSEN
GEB 8. APRIL 1881
GEST 19. OKT. 1929

Mit 15 Jahren zur See gekommen, führte er seit seinem 27. Lebensjahre die Viermastbark KURT nach der Westküste Südamerikas, nach Mexiko und Australien. 1916 im grossen Kriege nahmen ihm die Nordamerikaner das Schiff und behielten ihn in Haft. 1919 kehrt er heim nach Nebel zu seiner Gattin GEORGINE, geb. SIMONS mit der er seit 1904 in glücklicher Ehe lebte und 5 Kinder hatte, 2 Söhne und 3 Töchter. Er wirkte. bis zu seinem plötzlichen Tode fröhlich *mit Liebe für Familie und Insel.*
GEORGINE TÖNISSEN geb. SIMONS
geb. 20.5.1883 gest. 10.1. 1972

KURT TÖNISSEN geb. 18.6.1920 auf See. geblieben mit der Bismarck 27.5.1941

Den Grabstein steht an der Süd-Ostseite der Kirche hinten rechts.

Simon Kananäus | Phillippus | Johannes | Jakobus | Andreas | Simon genannt Petrus | CHR auf d

ra   Paulus   Matthias   Thomas   Bartolomäus   Mtthäus   Judas Iskariot
     von Tharsus   der Zöllner

Friedhof der Namenlosen

Gegenüber der Amrumer Mühle (Abb. Seite 15), an der Landesstr. 215, gibt es einen Ort, der wie kein anderer das zugleich Tragische und Hoffnungsvolle des Todes verkörpert: der 1906 angelegte Friedhof der Namenlosen. Unter einfachen Holzkreuzen liegen jene Ertrunkenen begraben, die von den Wellen an den breiten Inselstrand gespült und nie identifiziert wurden. Sie starben einen einsamen, kalten Tod. Aber die Bereitschaft der Inselbewohner, auch diesen ihnen unbekannten Toten eine letzte Ruhestätte zu verschaffen, zeugt von Anteilnahme und Identität. Es könnte ja auch einmal einen der Ihren treffen.

Der Nebeler Namenlosen-Friedhof für unbekannte Strandleichen, zählt zu den Besonderheiten der Nordseeküste und ist eine Perle der maritimen Kulturgeschichte.

Norbert Fischer – Institut für Völkerkunde und Kulturanthropologie der Universität Hamburg

*Freut euch,
dass eure Namen bei Gott
aufgeschrieben sind!*
Lukas-Evangelium 10,20

Das Wattenmeer

der Nordsee ist eine im Wirkungsbereich der Gezeiten liegende Landschaft zwischen Esbjerg, Dänemark, im Nordosten und Den Helder, Niederlande, im Südwesten etwa 9000 km² groß, 450 km lang und bis zu 40 km breit. Den bei Niedrigwasser freiliegenden Grund der Nordsee bezeichnet man als Watt. Es ist die größte zusammenhängende Wattenlandschaft der Welt. Fast die gesamte Wattenlanschaft steht unter Naturschutz. Der deutsche Teil ist – außer den großen, als Schifffahrtsrouten wichtigen Flussmündungen sowie die Wattgebiete des Landes Bremen – als Nationalpark geschützt.

Das Watt wird zweimal am Tag während des Hochwassers überflutet und fällt bei Niedrigwasser wieder trocken, wobei das Wasser oft durch tiefe Ströme (Priele) abfließt. Der zeitliche Abstand zwischen einem Hoch- und einem Niedrigwasser (Tiden) beträgt durchschnittlich sechs Stunden und zwölf Minuten, der Tidenhub vor Amrum beträgt ca. 3,10 m. Das vor etwa 7500 Jahren entstandene Wattenmeer hat eine der höchsten Primärproduktionsraten in der Welt, d.h., der Begriff „Primärproduktion" bezeichnet in der Ökologie die Produktion von Biomasse durch die Produzenten, also Pflanzen, Blaualgen und autotrophe Bakterien, mithilfe von Licht oder chemischer Energie aus anorganischen Substanzen. Diese auf den ersten Blick trostlose morastige Landschaft ist dadurch Heimat für zahlreiche Tiere und Pflanzen. Brut- und Zugvögel sind hier ebenso zu finden wie Wattwürmer und Kegelrobben (Abb. Seite 83). Besonders für Vögel ist das Wattenmeer ein Paradies und Ornithologen zieht es deswegen immer wieder dorthin.

Ob Großer Brachvogel oder Austernfischer, Schnepfen oder Rotschenkel (Abb. Seite 27). Viele Wattenmeervögel sind an einem langen dünnen Schnabel zu erkennen. Sie haben sich auf die Nahrung im Watt spezialisiert, zum Beispiel Wattwürmer. Mit ihren dünnen Schnäbeln können viele der hier lebenden Vögel die Würmer jagen. Mehrere Hunderttausend Brutpaare leben im Wattenmeer. Doch sie werden bei Weitem von der Zahl der Zugvögel übertroffen.

Jedes Jahr nutzen zehn bis zwölf Millionen Vögel das nahrungsreiche Wattenmeer als Raststätte.

Der Rotschenkel

An ihm kommt keiner unbemerkt vorbei, wenn er aufgeregt wippend auf der erhöhten Warte sein Brutrevier überblickt, im letzten Moment mit dem charakteristischen "Tüht" davonfliegt und dabei die breiten weißen Flügelhinterränder aufblitzen lässt. Dunkelrote eine und langer roter Schnabel mit dunkler Schnabelspitze kennzeichnen beide Geschlechter des Rotschenkels, ansonsten sind Männchen und Weibchen eher watvogeltypisch schlicht gefärbt. Nach der Mauser im Februar - April ist die Oberseite braun gefärbt, die Unterseite weiß und unterschiedlich stark gefleckt oder gebändert.

Die Rotschenkel-Männchen errichten ab April in der Vegetation Nistmulden, die später durch das Zurechtzupfen von umstehenden Halmen haubenförmig überwölbt und dadurch von oben für Beutegreifer schwer sichtbar sind. Die Jungen sind Nestflüchter, die schon bald selbst auf Entdeckungstour gehen. Die Nahrung, die aus Würmern, Mollusken und Insekten besteht, wird entweder beim "Pflügen" im Schlickwatt erfühlt oder optisch erkannt und dann gezielt angegangen. Wie lebt der Rotschenkel?

Rotschenkel sind vom Mittelmeer bis nach Asien hinein in Feuchtgebieten, Sümpfen und Mooren verbreitet. Im Binnenland sind sie vor allem durch die Trockenlegung von Feuchtgrünländern und die Intensivierung der Landwirtschaft stark im Bestand bedroht. Dem Wattenmeer kommt daher eine große Bedeutung als Brut- und Rastgebiet zu.

Die höchsten Brutdichten werden in unbeweideten Salzwiesen erreicht. Ca. 25.000 Tiere der südlichen Teilpopulation des Rotschenkels brüten im Wattenmeer. Zusammen mit der nördlichen und isländischen Teilpopulation begeben sich alljährlich 285.000 Rotschenkel auf den Ost-Atlantischen Zugweg.

Die Wattenmeer-Rotschenkel überwintern in Süd-West-Europa bis hinunter nach Spanien, während die im Winter im Wattenmeer anzutreffenden etwa 10.000 Tiere hauptsächlich aus Island stammen. Sie sind etwas robuster als unsere Brutvögel und meist in kleinen Trupps anzutreffen.

Ziehende Graugänse über dem Watt

Mit 76-89 cm Gesamtlänge und etwa 3,5 kg Gewicht ist die Graugans die größte heimische Wildgans. Von der etwa gleich großen Saatgans, die hier nur im Winter zu Gast ist, unterscheiden sich Graugänse durch ihr viel helleres, graues Gefieder.

Die Graugans (Anser anser) kann man in ganz Europa sehen. Bei uns in Deutschland zählt die Graugans zu den Standvögeln, d. h. es ist kein Zugvogel; sie gehört zu unseren einheimischen Vogelarten. Die Graugänse, die z. B. in Island und Osteuropa brüten, sind Zugvögel. Ihr Winterquartier liegt in Nord- und Mitteleuropa. Aus der Graugans wurde unsere Hausgans gezüchtet. Mitteleuropa gilt als die Region, in der diese Gans domestiziert wurde. Anfang der 1970er Jahre, als die europäische Gesamtpopulation etwa 20.000 Tiere umfasste, hat sich der Bestand über etwa 170.000 Tiere Mitte der achtziger Jahre auf wohl über 250.000 Tiere im Jahr 2003 erhöht. Dabei kam es nicht nur zu einer dichteren Besiedelung traditioneller Brutgebiete, sondern auch zu einer deutlichen Ausweitung des Brutareals vor allem in Deutschland und in den Niederlanden.

Aus der Marsch

Der Ochse frißt das feine Gras
Und läßt die groben Halme stehen;
Der Bauer schreitet
Hintendrein
Und fängt bedächtig an zu mähen.

Und auf dem Stall zur
Winterszeit,
Wie wacker steht der Ochs
zu kauen!
Was er als grünes Gras
verschmäht,
Das muss er nun als Heu
verdauen.

                              Theodor Storm

Wandern auf dem Meeresboden

Wo sich vor wenigen Stunden noch die Wellen der Nordsee brachen, liegt der Meeresboden nun frei. Eine geführte Wattwanderung ist ein faszinierendes Erlebnis und gehört zu jedem Amrum-Aufenthalt einfach dazu! Bei entspanntem Tempo bleibt genug Zeit, um die vielen Wattwürmer, Muscheln, Seesterne und Wattvögel bei der Suche nach Nahrung genau zu beobachten.

Die wechselnden Wasserstände machen es möglich, weit ins Watt hinein oder vom Festland zu Inseln und Halligen zu wandern. Am besten erlebt man das einzigartige Naturphänomen Wattenmeer in Begleitung eines erfahrenen Wattführers. Denn die Kraft und Schnelligkeit des Wassers sowie das verzweigte Prielsystem sind für Landratten oft schwer einzuschätzen. Sie verlieren dann schnell den Überblick, verlaufen sich und werden von der einsetzenden Flut überrascht.

Die Perle unter den Wattwanderungen ist der circa acht Kilometer lange Fußmarsch in Höhe der Odde nach Dunsum auf Föhr. Dazwischen werden seichte Priele durchwatet. Zu Beginn folgt etwa nach 20 Minuten Fußweg vor Amrum ein tieferer Priel, das sogenannte „Mittelloch". Daher ist Badekleidung unter der Oberbekleidung zu empfehlen. Von Wyk auf Föhr aus fährt man mit der Fähre wieder zurück nach Wittdün auf Amrum.

Neben Amrum sind auch Wattwanderungen zu den Halligen möglich. Bei diesen Routen beginnt der Ausflug mit einer Fährfahrt. Zu Fuß leitet der Wattführer die Wanderer anschließend von Hallig zu Hallig: entweder von Oland nach Langeneß, von Hooge nach Norderoog oder von Langeneß nach Oland.

Das Meer erstrahlt im Sonnenschein,
 Als ob es golden wär.
 Ihr Brüder, wenn ich sterbe,
 Versenkt mich in das Meer.
Hab immer das Meer so liebgehabt,
 Es hat mit sanfter Flut
 So oft mein Herz gekühlet;
 Wir waren einander gut.

Heinrich Heine Seraphine XV

Ein Dach wird mit Reet gedeckt

Reet (auch: Reeth, Reth, Reith, Ried, Riet, Rohr und Ähnliches) ist auf sumpfigem Gelände wachsendes Schilfrohr. Bereits die ersten sesshaft gewordenen Menschen bedachten damit ihre Häuser. Reet wird jährlich geerntet. Auf Amrum verwendet man überwiegend deutsches Reet aus biologischem Anbau, welches im Hauke Haien Koog bei Schlüttsiel und Dithmarschen wächst. Das Reet wird auch aus Osteuropa nach Deutschland importiert, weil die Nachfrage über dem inländischen Angebot liegt. Das typische Friesenhaus hat ein Reetdach. Reet bezeichnet das an Ufern oder auf sumpfigem Gelände wachsende Schilfrohr zur Dacheindeckung. Die Reetdachdeckerei gilt als eine der ältesten Handwerkstechniken beim Hausbau. Auch auf Amrum wird die Reetdachdeckerei von speziellen Reetdachdeckern durchgeführt, die ausschließlich diese Dächer erstellen und reparieren. Das für Nordfriesland typische Uthlandfriesische Haus hat traditionell ein Reetdsach. Ein Reetdach hält im Durchschnitt 30 bis 50 Jahre. Die korrekte handwerkliche Ausführung ist besonders wichtig, damit ein Dach mit Reet für guten sommerlichen Wärmeschutz und gute Wärmedämmung im Winter sorgt.

Die Reetdächer verleihen dem Gebäude nicht nur zusätzlich mehr Charme, sondern erhöhen auch dessen Marktwert. Es spielt eine geringe Rolle was für eine Art vom Gebäude mit diesem Dach geschmückt wird, es schafft eine solide Grundlage für den Besitzer und das Ansehen für die ganze Ortschaft. Es existiert keine andere Dachbeschichtung die eine ähnliche Struktur aufweisen würde. Der elegant fließende Hang ist nur bei den Reetdächern zu finden. Strohgedeckte Dächer haben eine erstaunliche Dachbeschichtungsdicke. Die einzigartige Form und außergewöhnliche Struktur, ermöglicht dem Gebäude im Sommer Kühle und im Winter Wärme zu bewahren. Reet beschichtete Dächer haben hervorragende akustische Eigenschaften. Wegen der unikalen Reet-Struktur ist die Hemmung vom Klang mehrfach größer als von Glaswolle.

Reetgedeckte Dächer können extremen Wetterbedingungen standhalten. Reet ist von Natur aus resistent gegen die Feuchtigkeit, absorbiert kein Wasser, deshalb fällt der Regen und Schnee natürlich und leicht vom Dachrand herunter.

Das Öömrang Hüs

in der Waaswei 1 ist ein denkmalgeschütztes Gebäude in Nebel.

Das genaue Baujahr dieses uthländischen, friesischen Haustyps, der jahrhundertelang in den nordfriesischen Uthlanden, d. h. auf den Inseln, Halligen und in den Marschgebieten der Gegend, vorherrschte, ist unklar; es wird mit etwa 1751 angegeben.

Das Haus, ursprünglich ein Kapitänshaus, gehört dem 1974 gegründeten Heimat- und Kulturverein Öömrang Ferian (www.naturzentrum-amrum.de)und dient heute als Archiv und Museum. Im Wohnteil dieses Friesenhauses sind mehrere Räume zu besichtigen, die zeigen sollen, „wie die Amrumer früher lebten". Darunter auch - „a dörnsk" - die Wohnstube. Sie wurde von der Küche aus durch einen Beilegerofen beheizt.

Dieser „Bilegger" von 1681 steht vor einer besonders schönen Wand aus Fliesen mit dem Tableau eines Schmackschiffs - (oder Smak, ist ein Schiffstyp, der einen zweimastigen Küstensegler mit flachem Boden und Gaffelrigg bezeichnet; dieser Schiffstyp war vom 16. bis ins 19. Jahrhundert in den Niederlanden und seit der Wende vom 18. zum 19. Jahrhundert auch in Deutschland gebräuchlich) -, dessen Kapitän einst Besitzer dieses Hauses war. Das Zimmer wird deshalb auch Kapitänsstube genannt.

Die Wohnstube diente zugleich als Schlafraum, wovon die beiden kurzen Alkovenbetten zeugen.

Heute steht der Raum Paaren auch für standesamtliche Trauungen offen.

Neben einer Dauerausstellung gibt es in weiteren Räumen Wechselausstellungen. Geöffnet ist es von April bis Oktober von 11 bis 17 Uhr. Der Eintritt ist frei, um Spenden für die Erhaltung des Hauses und für die Arbeit des Vereins wird gebeten.

Im Garten

Hüte, hüte den Fuß und die Hände,
Eh sie berühren das ärmste Ding!
Denn du zertrittst eine häßliche Raupe
Und tötest den schönsten Schmetterling.

Theodor Storm

Mai

1

Die Kinder schreien »Vivat hoch!«
In die blaue Luft hinein;
Den Frühling setzen sie auf den Thron,
Der soll ihr König sein.

2

Die Kinder haben die Veilchen gepflückt,
All, all, die da blühten am Mühlengraben.
Der Lenz ist da; sie wollen ihn fest
In ihren kleinen Fäusten haben.

Theodor Storm

Das Restaurant „Seekiste"

in der Smääljaat 2 in Nebel, von Wellem Peters, ist ein Ort voller alter, schöner Dinge aus dem Meer und – so stellt man sich das inselromantisch gestimmt vor – von Walfangschiffen, urigen Friesenkaten, Kapitänskajüte und Schatztruhen. Man liebt alles, was da so hängt, steht, sich drängt und glänzt: Schwerter, Schiffsglocken, Walfischzähne, Kerzenleuchter überall, Friesenteller, Kapitänstische, Steuerräder, alte Fliesen, Barometer und Galionsfiguren. Es sieht aus, als hätte Wellem Peters den Antiquitätenladen, den er früher in diesem – seinem – Haus betrieb, einfach nur in „Seekiste" umbenannt und sich als Koch in die Küche gestellt. Fertig war 1984 die neue Geschäftsidee. Neu sind hier nur die Auszeichnungen, die das Haus für Küche und Wohlfühl-Klönschnack bekommt und die die Eingangstür schmücken. Die besondere Auszeichnung ist das Qualitätssiegel „Schleswig-Holsteiner Gastlichkeit", dass Wellem Peters 2014 im Rahmen der Hamburger Gastro-Messe „Internorga" erhielt.

Er hatte alles richtiggemacht, als sein Haus unerkannt und heimlich im Herbst des vorherigen Jahres von sogenannten Mystery-Checkern getestet wurde: Ambiente, Küche, Begrüßung, Service ... alles top! Peters Mannschaft kann sich an die beiden Tester, einen Mann und eine Frau, noch erinnern. „Sie haben viel gefragt und zigmal umbestellt, dies und das, am Ende hatten sie Pannfisch und Scholle." Muss gut gewesen sein, sonst hätte er keinen neuen Aufkleber an der Eingangstür erhalten. Die Aktion ist eine gemeinsame Sache von der Tourismus-Agentur und dem Hotel- und Gaststättenverband Schleswig-Holstein und soll für Gäste ein Führer sein zu guter Küche zwischen Nord- und Ostsee*

---

* Das Qualitätssiegel „Schleswig-Holsteiner Gastlichkeit" tragen auf Amrum auch die Hotel-Restaurants „Seeblick" in Norddorf und „Weiße Düne" in Wittdün sowie das „Romantik-Hotel Hüttmann" in Norddorf.

Einen Blick in den Gastraum bieten die Bilder auf Seite 46 und 47.

Die Rose duftet - doch ob sie empfindet
 Das, was sie duftet, ob die Nachtigall
 Selbst fühlt, was sich durch unsre Seele windet
 Bei ihres Liedes süßem Widerhall; -
Ich weiß es nicht. Doch macht uns gar verdrießlich
 Die Wahrheit oft! Und Ros und Nachtigall,
 Erlögen sie auch das Gefühl, ersprießlich
 Wär solche Lüge, wie in manchem Fall -

Heinrich Heine

„Der Weg ist Das Ziel!"

Konfuzius 551 – 479 v. Chr.

Sommermittag

Nun ist es still um Hof und Scheuer,
Und in der Mühle ruht der Stein;
Der Birnenbaum mit blanken Blättern
Steht regungslos im Sonnenschein.

Die Bienen summen so verschlafen;
Und in der offnen Bodenluk',
Benebelt von dem Duft des Heues,
Im grauen Röcklein nickt der Puk.

Der Müller schnarcht und das Gesinde,
Und nur die Tochter wacht im Haus;
Die lachet still und zieht sich heimlich
Fürsichtig die Pantoffeln aus.

Sie geht und weckt den Müllerburschen,
Der kaum den schweren Augen traut:
»Nun küsse mich, verliebter Junge;
Doch sauber, sauber! nicht zu laut.«

Theodor Storm

Auf der Odde mit Blick über das Vortrapptief nach Sylt

Der Verein Jordsand (www.jordsand.de) schreibt hierzu: Ganz im Norden der Insel Amrum zieht sich eine fast unberührte Dünen- und Strandlandschaft ins Meer hinein - die Amrum Odde. Sie liegt fernab der Badestrände und lädt zu langen Strandspaziergängen ein. Der mehr als 4 km lange Weg führt um die Dünenkämme herum, die sich stellenweise bis zu 40 m hoch auftürmen. Im Westen – zur offenen Nordsee – erstreckt sich der bis zu 150 m breite Sandstrand, ein Ausläufer des Kniepsands. Im Osten grenzt das Wattenmeer direkt an das Naturschutzgebiet und bietet unzähligen Vögeln Nahrung.

In den geschützten Dünen brüten viele Seevogelarten, hauptsächlich Silber- und Heringsmöwen sowie Eiderenten. Am Strand, vor allem an der Nordspitze brüten auch stark gefährdete Arten, wie Zwergseeschwalbe und Sandregenpfeifer.

Außerhalb der Brutzeit ist die Odde für viele Vögel ein wichtiges Rast- und Durchzugsgebiet. Hin und wieder ruhen auch Kegelrobben und Seehunde am Strand und im Winter kann man mit etwas Glück junge Kegelrobben beobachten.

Die „Panscho-Burg", eine Amrumer Attraktion ging verloren!
Die „Panscho-Burg" auf dem Höhepunkt ihres Daseins

„In den Kniepsanddünen nördlich des Strandes von Nebel stand die originelle "Strandgutburg" von Otfried Schwarz, genannt "Panscho". Winterliche Sturmfluten haben den Dünenkomplex mit der "Burg" angegriffen und abgebaut, sodass nur noch einige Reste im Jahr 2017 zu sehen waren. Über Jahrzehnte war dieses originelle Gebilde eine Attraktion auf dem Strand von Nebel, von Inselgästen bestaunt und fotografiert; und manche Party fand in den zusammengebastelten und verwinkelten Räumlichkeiten statt. Und wenn ein Fernsehfilm über Amrum gedreht wurde, wurden die "Panscho-Burg" und ihr Burgherr selten vergessen. Sie diente sogar als Ausstellungsstück im Hof des renommierten Altonaer Museums in Hamburg, nachdem der Direktor des Museums höchst selbst auf dieses Strandgut-Gebilde gestoßen war.

Dabei hätte diese Burg nach den Naturschutzgesetzen hier nie und nimmer stehen dürfen. Denn weil es zeitweise Überhandgenommen hatte und die zahlreichen, von Kurgästen errichteten Gebilde, vom einfachen Verschlag bis zur "Strandvilla", das Bild des naturgestalteten Kniepsands beeinträchtigten und dieser unter Naturschutz gestellt war und zuletzt sogar zum FFH-(Flora-Fauna-Habitat) Gebiet erklärt wurde, waren jedes Jahr Beamte der Naturschutzbehörden, aber auch Inselgäste unterwegs, um diese Lanschaftsverschandelung anzuprangern und die Beseitigung zu verlangen. Dafür sorgten im Winterhalbjahr dann regelmäßig Stürme, die über den Kniepsand fluteten, die Hütten abbrachen und das Material gegen die Küste warfen, wo es versandete oder bei den jährlichen Strandreinigungsaktionen der Kurverwaltungen eingesammelt wurde. Oft hatten auch Dorfkinder ihren Spaß daran, die Buden im Herbst, wenn sie nach Saisonende verlassen waren, in Brand zu stecken. Aber im folgenden Sommer waren die Buden bald wieder da, denn mit Leidenschaft waren die Inselgäste wieder unterwegs, um Strandgut zu finden. Dabei wurden wesentliche menschliche Triebe befriedigt: die "Jagdleidenschaft" beim Suchen und Finden des Strandgutes, der "Beutetrieb" beim Einsammeln und der "Bau- und Basteltrieb" beim Zusammenbauen des Strandgutes.

Doch irgendwann gewannen die hartnäckigen Kritiker des Strandholzbudenbaues die Oberhand, und die bestehenden Gesetze mussten nun zusehends beachtet werden. Das Budenbauen ging zurück – aber mit einer Ausnahme! Nämlich der "Panscho-Bude", die inzwischen Kultstatus erlangt hatte und sogar den "Segen von oben" bekam:
Im März 1995 besuchte die Umweltministerin des Landes

Schleswig-Holstein, Edda Müller (SPD), nämlich Amrum und besichtigte bei dieser Gelegenheit auch die "Pancho-Burg". Die Hoffnung einiger Umweltschützer, dass die Ministerin nun ihrer Abscheu Ausdruck gab und den sofortigen Abbruch verfügte, erfüllte sich jedoch nicht. Vielmehr sagte Edda Müller: "Also mir gefällt das Gebilde" und damit wurde das "Gebilde" entgegen den Landesverordnungen über den Zustand des Kniepsands unter allerhöchsten Schutz gestellt und blieb fortan von Anzeigen und Beseitigungsversuchen verschont. „Pancho" Otfried Schwarz- konnte weiterhin den Strand absuchen und seine Funde, von knallroten Gummihandschuhen Marke Dodemannshand über Fischerkugeln und Planken eintragen und seine Burg vergrößern. Zuletzt wurde es aber doch ein bisschen viel und der Unterschied zu einer Mülldeponie war nicht mehr für alle klar erkennbar."

Georg Quedens 26. April 2017

Auf dem hohen Küstensande

Auf dem hohen Küstensande
Wandre ich im Sonnenstrahl;
Über die beglänzten Lande
Bald zum Meere, bald zum Strande
Irrt mein Auge tausendmal.

Aber die Gedanken tragen
Durch des Himmels ewig Blau
Weiter, als die Wellen schlagen,
Als der kühnsten Augen Wagen,
Mich zur heißgeliebten Frau.

Und an ihre Türe klink ich,
Und es ruft so süß: Herein!
Und in ihre Arme sink ich,
Und von ihren Lippen trink ich,
Und aufs Neue ist sie mein.

Theodor Storm

Mailied

Wie herrlich leuchtet
 Mir die Natur!
 Wie glänzt die Sonne!
 Wie lacht die Flur!
 Es dringen Blüten
 Aus jedem Zweig
Und tausend Stimmen
Aus dem Gesträuch

Und Freud' und Wonne
 Aus jeder Brust.
 O Erd', o Sonne!
 O Glück, o Lust!

O Lieb', o Liebe!
 So golden schön,
 Wie Morgenwolken
 Auf jenen Höhn!

Du segnest herrlich
 Das frische Feld,
 Im Blütendampfe
 Die volle Welt.

O Mädchen, Mädchen,
 Wie lieb' ich dich!
 Wie blickt dein Auge!
 Wie liebst du mich!

So liebt die Lerche
 Gesang und Luft,
 Und Morgenblumen
 Den Himmelsduft,

Wie ich dich liebe
 Mit warmem Blut,
 Die du mir Jugend
 Und Freud' und Mut

Zu neuen Liedern
 Und Tänzen gibst.
 Sei ewig glücklich,
 Wie du mich liebst!

Johann Wolfgang
von Goethe

Graue Nacht liegt auf dem Meere,
 Und die kleinen Sterne glimmen.
 Manchmal tönen in dem Wasser
 Lange hingezogne Stimmen.

Dorten spielt der alte Nordwind
 Mit den blanken Meereswellen,
 Die wie Orgelpfeifen hüpfen,
 Die wie Orgelpfeifen schwellen.

Heidnisch halb und halb auch kirchlich
 Klingen diese Melodeien,
 Steigen mutig in die Höhe,
 Daß sich drob die Sterne freuen.

Und die Sterne, immer größer,
 Glühen auf mit Lustgewimmel,
 Und am Ende groß wie Sonnen
 Schweifen sie umher am Himmel.

Zur Musik, die unten tönet,
 Wirbeln sie die tollsten Weisen;
 Sonnennachtigallen sind es,
 Die dort oben strahlend kreisen.

Und das braust und schmettert mächtig,
 Meer und Himmel hör ich singen,
 Und ich fühle Riesenwollust
 Stürmisch in mein Herze dringen.

                        Heinrich Heine Seraphine VIII

Wer je gelebt in Liebesarmen

Wer je gelebt in Liebesarmen,
Der kann im Leben nie verarmen;
Und müsst er sterben fern, allein,
Er fühlte noch die selge Stunde,
Wo er gelebt an ihrem Munde,
Und noch im Tode ist sie sein.

Theodor Storm

Meeresstrand

Ans Haff nun fliegt die Möwe,
und Dämmrung bricht herein;
über die feuchten Watten
spiegelt der Abendschein.

Graues Geflügel huschet
neben dem Wasser her;
wie Träume liegen die Inseln
im Nebel auf dem Meer.

Ich höre des gärenden Schlammes
geheimnisvollen Ton,
einsames Vogelrufen -
so war es immer schon.

Noch einmal schauert leise
und schweiget dann der Wind;
vernehmlich werden die Stimmen,
die über der Tiefe sind.

        Theodor Storm

Sonnenuntergang

Am Untersaum
 des Wolkenvorhangs
 hängt der Sonne
 purpurne Kugel.
 Langsam zieht ihn
 die goldene Last
 zur Erde nieder,
 bis die bunten Falten
 das rotaufzuckende Grau
 des Meeres berühren.

Ausgerollt ist
 der gewaltige Vorhang.
 Der tiefblaue Grund,
 unten mit leuchtenden Farben breit gedeckt,
 bricht darüber
 in mächtiger Fläche hervor,
 karg mit verrötenden
 Wolkengirlanden durchrankt
 und mit silbernen Sternchen
 glitzernd durchsät.

Aus schimmernden Punkten
 schau ich das Bild
 einer ruhenden Sphinx
 kunstvoll gestickt.

Eine Ankerkugel,
 liegt die Sonne im Meer.
 Das eintauchende Tuch,
 schwer von der Nässe,
 dehnt sich hinein in die Flut.
 Die Farben blassen,
 mählig verwaschen.
 Und bald strahlt
 vom Himmel zur Erde
 nur noch
 der tiefe, satte Ton
 blauschwarzer Seide.

Christian Morgenstern

Die Heringsmöwe

Noch vor 20 Jahren wäre kaum vorstellbar gewesen, in welcher Zahl die Heringsmöwe heute im Wattenmeer brütet und fast überall zu beobachten ist. Allein Schleswig-Holstein hat heute über 10.000 Brutpaare dieser Art, vor allem auf Amrum, wo die Art erst seit 1966 als Brutvogel heimisch ist. Männchen und Weibchen der Heringsmöwe sehen im Gefieder gleich aus. Der Unterschied liegt in der Größe (49-57 cm) und im Gewicht zwischen 450 und 1.300 g, d. h. das Männchen ist etwas größer und schwerer als das Weibchen.
Junge Heringsmöwen sind - wie die anderen Großmöwen - drei Jahre lang grau gesprenkelt.

Heringsmöwen suchen ihr Futter nicht im Watt, sondern leben überwiegend von Fischereiabfällen, die sie auf offener See erbeuten. Sie fliegen täglich 50-80 km, mitunter 130 km weit hinaus, um Fische und Krebse zu erbeuten, die von Fischkuttern über Bord gespült werden. Die Heringsmöwe ist ein Zugvogel, dessen nördliche Populationen am weitesten ziehen und teils in den tropischen Zonen Afrikas und Asiens überwintern. Die Vögel Westeuropas überwintern zu einem großen Teil schon an der französischen Atlantikküste und im Mittelmeer.

Hätten Sie gedacht, dass

... die Männchen einen kräftigeren Schnabel haben als die sonst identisch aussehenden Weibchen,

... die Art noch so nah mit der Silbermöwe verwandt ist, dass es Mischehen beider Arten gibt,

... Heringsmöwen bei der Nistplatzwahl den Silbermöwen ausweichen, aber Sturmmöwen vertreiben,

... in dichten Brutkolonien nachbarschaftlicher Kannibalismus die Jungvogelzahlen stark senkt,

... Heringsmöwen über 30 Jahre alt werden können,

... neuerdings auch Heringsmöwen beobachtet werden, die auf Wiesen nach Futter suchen, wie es bisher nur für Lach- und Sturmmöwen typisch ist?

Die Heringsmöwe ist das Tier des Monats August.

Die Möwe und mein Herz

Hin gen Norden zieht die Möwe,
 Hin gen Norden zieht mein Herz;
 Fliegen beide aus mitsammen,
 Fliegen beide heimatwärts.

 Ruhig, Herz! du bist zur Stelle;
 Flogst gar rasch die weite Bahn -
 Und die Möwe schwebt noch rudernd
 Überm weiten Ozean.

Theodor Storm

Die Vogelkoje

auf Amrum war früher eine Fanganlage für ziehende Wildenten. Heute ist die Vogelkoje ein beliebtes Ausflugsziel mit Sitzbänken, einem Kinderspielplatz und einem Damwild-Gehege. Die Vogelkoje ist mit dem Fahrrad von Nebel oder Norddorf auf schönen Waldwegen erreichbar.

Die Idee zur Anlage einer Vogelkoje stammt aus Holland und seit 1730 wurde der Entenfang auch auf den Nordfriesischen Inseln betrieben. Auf Föhr wurde 1730 die erste Vogelkoje gebaut. Auf Amrum baute eine Interessengemeinschaft 1866 zwei Vogelkojen und erhielt die Erlaubnis für den Betrieb von der damaligen amtierenden dänischen Verwaltung. Die Fangzahlen der einzelnen Vogelkojen unterschieden sich sehr: Während auf Föhr in der Boldixumer-Koje 1887 im ersten Fangjahr nur zwei Enten gefangen wurden, verzeichnete dort die Oevenumer Koje 1789 einen Fang von 66.882 Enten.

Ursprünglich hatten die Vogelkojen eine wirtschaftliche Bedeutung für die Inselbewohner. Einerseits wurden die Enten frisch verzehrt und andererseits in Wildenten-Konservenfabriken auf Föhr und Amrum weiterverarbeitet und verkauft.

1935 wurde der Entenfang in der Vogelkoje Amrum jedoch eingestellt. 1952 übernahmen die Gemeinden Norddorf und Nebel die Vogelkoje, um sie als Anschauungsobjekt auszugestalten. Es werden nur noch vereinzelt Vögel auf Föhr gefangen. In einigen südeuropäischen Staaten sieht dies jedoch anders aus: Trotz Vogelfangverbote der EU werden heute mit Netzen und Leimruten Wild- und Singvögel beispielsweise in Südfrankreich, Italien und auf Malta gefangen.

Der weiße Hirsch

Es gingen drei Jäger wohl auf die Pirsch,
 sie wollten erjagen den weißen Hirsch.

Sie legten sich unter den Tannenbaum,
 da hatten die drei einen seltsamen Traum.

Der erste.
Mir hat geträumt, ich klopft auf den Busch,
 da rauschte der Hirsch heraus, husch husch!

Der zweite.
Und als er sprang mit der Hunde Geklaff,
 da brannt' ich ihn auf das Fell, piff, paff!

Der dritte.
Und als ich den Hirsch an der Erde sah,
 da stieß ich lustig ins Horn, trara!

So lagen sie da und sprachen, die drei,
 da rannte der weiße Hirsch vorbei.

Und eh' die drei Jäger ihn recht gesehn,
 so war er davon über Tiefen und Höhn.
 Husch husch! piff, paff! trara!

Ludwig Uhland

Rechts im Bild: Ein junger Damhirsch im Gehege an der Vogelkoje.

Der Wald auf Amrum,

der sich nach der Eiszeit entwickelte, verschwand ggf. durch Abholzung in der Eisenzeit und Unwetter in den vergangenen Jahrhunderten. Bis ins 19. Jh. gab es auf der Insel, mit Ausnahme einiger Obstbäume in den Hausgärten, keinen Baumbestand.

Durch die Einrichtung von Entenkojen im 18. Jh. wurden 1866 für den Sicht- und Windschutz Bäume angepflanzt. 1885 begann die Gemeinde Nebel westlich des Ortes, d. h. Richtung Norddorf, den etwa 16 ha (160.000 m²) großen Wald anzupflanzen. Bis 1914 konnte durch weitere Förderung der Aufforstung der Wald auf 26,5 ha erweitert werden. In den 20er und 30er Jahren kamen weitere kleine Waldflächen hinzu.

Nach dem Zweiten Weltkrieg konnte bis 1965 die Waldfläche durch tatkräftige Hilfen, auch von Schulkindern, auf 150 ha. vergrößert werden.

In den 50er,- bis in die 60er Jahre, benutzt man für die Erstaufforstungen vorwiegend Nadelhölzer wie Kiefern-, Fichten-, Tannenarten und Japan-Lärchen und für einen Mischwald auch Laubbäume. Als am 2. Dezember 1999 der Sturm „Anatol" mit Windgeschwindigkeiten in Böen bis 180 km/h und den beiden Stürmen „Christian und Xaver" im Herbst 2013, wo der Wald fast ein Drittel seines Bestandes einbüßen musste, wurde Amrums Wald in das Bergwaldprojekt 2001 aufgenommen Aktuell sind nun 10 % der Inselfläche mit Wald bedeckt.

Das Eisenzeitliche Haus

Rund 500 vor Christi, also währen der Eisenzeit in Nordeuropa, sah die Landschaft auf Amrum ganz anders aus: Laubwälder und ausgedehnte Heideflächen waren typisch. Nadelbäume waren jedoch nicht vorhanden. Die Dörfer waren meist von einem Mosaik rechteckiger Felder, sog. celtic fields umgeben.

In der Zeit um Christi Geburt hat hier über mehrere Generationen ein Dorf gestanden. Bisher wurden bei Ausgrabungen Pfostenlöcher von fünf Wohnstallhäuser gefunden. Die Grundform dieser Häuser als Wohnstallhaus hatte die Form des utlandfriesischen Bauernhauses, das bis in die heutige Zeit erhalten geblieben ist. Weitere Reste von Häusern unter dem Dünensand werden vermutet. So ein Wohnstallhaus, von der Vogelkoje auf dem Bohlenweg zum Quermarkenfeuer als Nachbau zu sehen, gliedert sich in einen Wohnbereich mit Feuerstelle und einen Stallbereich für das Vieh. Der hier zu besichtigende Nachbau des eisenzeitlichen Hauses wurde ähnlich wie in der Eisenzeit vorwiegend mit Materialien aus der Natur verwendet: Schilf,
Stangenholz, Soden und Seile aus Pflanzenfasern.
Die ersten Besiedelungsspuren dieses heutigen Wattenmeers aus der jüngeren Steinzeit (ca. 5000 – 2000 v. Chr.) gingen von den sturmflutgesicherten Geestkernen aus. Als Geestkern bezeichnet man den Kern einer Insel in der Nord- oder Ostsee, welcher nicht durch marine Sedimentation, sprich Sand, entstanden ist.

Sowohl die Ostfriesischen Inseln, als auch die westfriesischen Inseln, besitzen allesamt keinen Geestkern, sind also Sand- bzw. Marschinseln. Im Gegensatz dazu besitzen einige Nordfriesische Inseln einen entsprechenden Inselkern. Im Falle von Sylt ruht der Mittelteil der Insel auf einem Geestkern, wodurch auch das charakteristische Rote Kliff zwischen den Orten Wenningstedt und Kampen entstanden ist. Auch die nordfriesischen Inseln Amrum und Föhr besitzen ähnliche Geestkerne. Die Inseln weiter nach Norden (Dänische Wattenmeerinseln) sind wieder frei von Geestkernen und bestehen fast ausschließlich aus Sand.

Geht man den Bohlenweg, den man gekommen ist, weiter Richtung Westen, gelangt man zu dem Leitfeuer des Leuchtturms Norddorf, der als Leit- und Quermarkenfeuer für das Fahrwasser dient. Die Position: 54°40'09" N - 08°18'31" E.

Die "Groten Mandränken" an der deutschen Nordseeküste

Geht man von der Vogelkoje auf dem Bohlenweg zum Quermarkenfeuer (siehe auch S. 80), sind auf Stufen in Metalltafeln die Hinweise auf die „Groten Mandränken" zu lesen.

Die **„Erste Grote Mandränke"** („großes Ertrinken"), bezeichnet eine verheerende Sturmflut, welche die deutsche Nordseeküste von Ostfriesland bis Nordfriesland betraf. Laut späterer Überlieferung begann sie am 15. Januar 1362, erreichte am 16. Januar – dem Tag Marcelli Pontificis, das heißt des heiliggesprochenen Papstes Marcellus I., nach welchem sie auch den Namen Marcellusflut erhielt – ihren Höhepunkt und fiel erst am 17. Januar wieder ab. In dieser Flut sollen die nordfriesischen Uthlande zerrissen und der sagenumwobene Marktort **Rungholt** untergegangen sein (ca. 100.000 Tote).

Die Sturmflut von 1362 führte jedoch nicht nur zu menschlichen Verlusten. Sie prägte auch im Wesentlichen das Bild der Nordseeküste, wie es noch heute ist. In Nordfriesland versanken damals 30 Dörfer in den Fluten, darunter auch die Rungholt, das damals wirtschaftliche Zentrum dieser Region. Es blieb die Insel Strand, auf der Rungholt gelegen haben soll, und es entstanden die ersten Halligen (z. B. Pellworm oder Nordstrand). Darunter versteht man in ihrer Form einzigartige Eilande, die als Reste von der ehemals großen Marschinsel übrig geblieben sind.

Bei der „**Zweite Grote Mandränke**" von 1634 vollendete die Natur ihr Werk.
Die Wirkung der „Erste Grote Mandränke" bleibt als so verheerend in Erinnerung, dass die Sturmflut am 11./12. Oktober 1634 die „Zweite Grote Mandränke" genannt wird. Die Sturmflut, auch als Burchardiflut bezeichnet, verwüstet die Küste bis hinunter zur Elbmündung. Laut den damaligen Chronisten erreicht das Meer einen Stand von etwa vier Metern über dem mittleren Tidehochwasser - zum Vergleich: Bei der bislang höchsten Sturmflut aller Zeiten werden 1976 in Husum 4,11 Meter gemessen.

Obwohl die Deiche schon erheblich verbessert worden sind, brechen sie diesmal an mehreren Hundert Stellen. In Nordfriesland kommen nach historischen Belegen ca. 9.000 Menschen um. Die Insel Strand (Alt-Nordstrand) wird in Pellworm, die Halbinsel Nordstrand und die Hallig Nordstrandischmoor zerrissen. Die großen Prielströme wie die Norderhever, ein im Watt bis zu 30 Meter tief eingegrabener Fluss, Süder- und Norderaue brachen in diese Gebiete ein, durchbrachen die zu niedrigen Deiche und zerstörten das Kulturland; die Halligen Nübbel und Nieland versinken im Meer. Im Wattenmeer vor Schleswig-Holstein gibt es heute noch zehn Halligen.

Seehunde vor Amrum, beobachtet von der MS Eilun

Seehunde können vor Amrum bei Ebbe auf den Seehundsbänken östlich und südlich von Amrum beobachtet werden. Im Meer und auf den Amrum vorgelagerten Sandbänken leben im Bereich des Nationalparks Seehunde und Kegelrobben. Das Tagesausflugsschiff MS Eilun (zugelassen für 130 Passagiere) liegt im Seezeichenhafen Wittdün. Bei Ebbe werden mit der MS Eilun zu den Seehundsbänken zwischen Amrum und Föhr Ausflugsfahrten angeboten. Termine stehen im Veranstaltungskalender der Amrum-Touristik oder in der aktuellen Ausgabe von AMRUM aktuell (wöchentlicher Amrumer Veranstaltungskalender mit dem aktuellen Ausflugsprogramm).

Bei der Sandbank mit den Seehunden angekommen, fährt die MS Eilun mehrmals langsam an den Seehunden vorbei. Seehunde sind kleine und schlanke Robben im Vergleich zu der anderen an deutschen Küsten verbreiteten Kegelrobbe.

Von der Kegelrobbe unterscheiden sich Seehunde auch durch ihren rundlichen Kopf.

Die Färbung der Seehunde ist regional sehr variabel; in deutschen Küstengewässern sind Seehunde dunkelgrau gefärbt und haben unregelmäßig über den Körper verteilte schwarze Flecken.

Im Nationalpark Schleswig-Holsteinisches Wattenmeer wird der Bestand derzeit auf 7000 Seehunde geschätzt. Die Bestände haben sich nach der virusbedingten Seuche im Jahr 1988, bei der zwei Drittel der gesamten Population starben, wieder erholt. Aufgrund der zunehmenden Schadstoffbelastung in der Nordsee war das Ausmaß der Seuche vermutlich der allgemeinen Immunschwäche der Nordsee-Seehunde geschuldet.

Biografie der Autoren

Rudolf-Georg Nicklau der Niebüller, zur Schule in Süderlügum, Schiffbaulehre und Abitur in Mainz, Studium des Maschinenbaus an der TU-Darmstadt mit Promotion im Werkzeugmaschinenbau, 1984 Dr.-Ing., sowie Studium der Fotografie im Rahmen des Studiums Generale. Ab in die Welt und Projektleiter zwischen Rio de Janeiro und Shanghai im Schiffbau, in Frankreich und der Schweiz im Werkzeugmaschinenbau und der Automobilindustrie, wie auch vier Jahre Lehrtätigkeit (Techn. Mechanik und Maschinenelemente) in Indien und Bayern, verbunden mit Fotoarbeiten zur Dokumentation der von ihm konstruierten Maschinen und Anlagen, sowie Landschafts-und Architekturfotograf und heute, fern der Heimat gestrandet: Kirchenfotograf in der Weltkulturerbestadt Regensburg.

Wellem Peters der Norddorfer, zog nach der Lehre als Koch in Flensburg Anfang der 1960er Jahre ab in die Welt, jobbte in einer Konditorei, ging für ein Jahr nach St. Moritz, zur Hotelfachschule nach Berlin und nach Stockholm ins legendäre Operakallaren, den Opernkeller, damals das beste Restaurants Schwedens und Hoflieferant fürs Königshaus. 1968, mit 28 Jahren kehrt er zurück, führt bald darauf die Strandhalle Nebel, „den ersten Selbstbedienungsbetrieb der Insel" und kauft sich das Häuschen in der Smääljaat, der „kleinen Gasse" nahe der Nebeler Kirche, wo er heute noch mit seiner „Seekiste" wohnt.

AMRUM - unser Traum, unsere Inspiration.

Quellenangaben

www.andreas-doetz.de
www.gipfel-glueck.dew
ww.amrum-travel.de
www.NABU.de
www.schutzstation-wattenmeer.de
www.amrum.de

https://de.wikipedia.org/wiki/Leuchtturm_Amrum
www.staff.uni-mainz.de/pommeren/Gedichte/
http://gutenberg.spiegel.de/
https://www.amrum-news.de/2017/08/17/die-heimkehr-der-viermastbark/
www.jordsand.de
Th. Voigt: Die zehn Halligen in Wort und Bild, Röbcke-Druck, 2982 Uetersen